मन की व्यती और दिल की जुबान

अनकही बातें

Rohit Khare

BookLeaf Publishing
India | USA | UK

Made with ❤ on the BookLeaf Publishing Platform
www.bookleafpub.in
www.bookleafpub.com

Dedication

यह किताब मैं अपने परिवार ,सभी देशवासियो, मित्रो को समर्पित करता हूँ | जिनसे मुझको लिखने की प्रेणना मिलती है, यह किताब दोस्तों मेरी पहली किताब है जिसको लिखते हुए मुझको काफी हर्ष और उत्साहित महसूस हो रहा है | और मेरा आगे भी निरंतर प्रयास रहेगा अगली उत्तम और श्रेष्ठ किताबें लिखने के लिए | आप सभी को मेरा कोटि - कोटि नमन...धन्यवाद |

Preface

यह पुस्तक दिल को छू लेनी वाली कविताओं से भरी मन और दिल की खुद से ब्या करने वाली इक जुबान है, हम महसूस करते है अक्सर और समझते भी अक्सर , पर लब्जों को खामोश रहने देते है, वक़्त निकलता है और समय की रफ़्तार कहने का मौका नहीं देती है | मित्रों यह लिखने का ख्याल कभीं - कभी, मै कॉलेज में शौकिया तौर पे करता था | फिर covid - 19 के समय मैंने भाव - विभोर होकर लिखना शुरू करा, मै मित्रों लेखक के साथ - साथ रैप सिंगर, भजन और कई खुद के बनाये हुए गाने गाता हूँ | मेरा पैन नाम है - Theblackforest Time , YouTube पे , Instagram & Facebook पे आप सभी सर्च कर सकते है |

#theblackforesttime

Acknowledgements

मैं Bookleaf Publishers की समस्त टीम का आभारी हूँ , जिन्होंने ये एक सुनेहरा अवसर हम सभी को प्राप्त कराया | उनके प्रोत्साहन और मार्गदर्शन का में बहुत आभारी हूँ ... धन्यवाद् |

1. कश-म-कश

समय

हर रात बस इक ख्याल आता है
ये ग़म की है चाँदनी या मेरी तकदीर की है
कोई अजीब सी रागिनी
न सुर है, न कोई ताल है
आया जैसा कोई भूचाल है
बेख्याली से छाई रहती है
जैसे सूनापन और बस सूनापन
न उम्मीदी, मायूसी है
अपनी ही धुन में
जैसे कोई मदहोशी है
जरा संभालूं मैं खुद को
या खुद ही उसमें डूब जाऊं
समय की इस टिक - टिक में
मुझें बहुत बेचैनी होती है
जैसे में अपनी सांसों को
खुद से छिन्न - भिन्न कर रहा हूँ
या कोई मुझसे छीन रहा है
मैं जैसे मैं नहीं, बस इक समय का पहलू हूँ

जो हर क्षण बदलता है, और नए रूप में उभरता
पर वो समय का पल है
और मैं बीता हुआ कल
मेरा होना न होने के बराबर है
अगर मैं सत्य नहीं...
मैं जो आज का वक्त नहीं, तो फिर समझो,
यकीनन मेरी कोई शख्सियत नहीं...
धुंध में खोया है मेरा अस्तित्व,
बस एक सवाल, क्या मैं हूँ?
खुद से संवाद करूँ,
या फिर इस सन्नाटे में खुद को रौंदूँ?
क्या मेरी ख़ामोशी, मेरी पहचान है?
या फिर यही अंत की ओर एक यात्रा का पैगाम है?
यक़ीनन मेरी कोई शख्सियत नहीं...
यक़ीनन मेरी कोई शख्सियत नहीं...

आंसू

आंसुओं से आंसू ने पूछा
क्या कीमत होती है?
इस रंगीन जमाने में, हमारी
तो हंसते हुए जो जवाब मिला
वह बहुत ही सुनकर हर कोई
आश्चर्य और हैरत में खो जाता है
क्योंकि आंसुओं का कहना था
हम वक्त के, हिसाब से जाने जाते हैं

जब हो खुशी तो चार-चांद लगाते हैं
और अगर हो गम तो दर्द का एहसास बन जाते हैं
जो कभी-कभी बिन मौसम आते हैं
तो सर दर्द या हवा का झोंका कहलाते हैं
जो ना हो अगर हम तो
मानो सूखी झील जैसे बेचैन, परेशान घबराते हैं
क्योंकि आंसुओं की कीमत
रब के फरिश्ते ही बतलाते हैं
क्या हीरा, सोना, चांदी...?
ये तो वेशकीमती और बहुमूल्य बन जाते हैं...
क्या ये जीवन की शोहदत है,
या बस एक अधूरा सच,
जो रूह के गहरे तल में दबा है?
हर आंसू में छुपा कोई राज़ है,
जिसे समझना हो तो, दिल की गहराई में जाओ।
हमारी पहचान बस आंसूओं में नहीं,
बल्कि उन लम्हों में भी है जो हमें जीने देते हैं।
यह एहसास हमें सिखाता है कि
कभी खुश होकर, कभी रोकर–
हम स्वयं अपने बनाते हैं।

सफर

कहते हैं वक्त का सहर और पानी का नहर
अपने आप में दो वाक्य है
जिनको समझ पाना उतना ही मुश्किल है
जितना की ज़िन्दगी और मौत का सफर
हां शब्दों के मायने तो एक ही है

पर विचारों के कायदे मिथक - मिथक
कोई कुछ कहता है, तो कोई कुछ और समझता है
पर समझदार तो वही होता है
जो इसके मूल रूप को समझता है
यह कोई ढांचा नहीं जो खुद ब खुद चलता है
इसका भी कोई आधार है
जिस पर कई सवार है
हर इक का वक्त सुनिश्चित होता है
बन चुकी नहर की पगदंडी पर
वक्त का पहरा होता है
मझधार में फंस चुकी नाव को
मौत का कहर होता है
मिल जाए जो अगर उसको ज़िन्दगी
तो उसका सफर पूरा होता है
क्योंकि वक्त का सहर और पानी का नहर
खुद में अधूरा होता है
खुद में अधूरा होता है...

फैसला

कह दो उन मंजिलों को
जो सबके मुक्कमल नहीं होती है
हमने भी ठानी है जिद्द कैसे
ये पूरी नहीं होती
कई लोग संघर्ष करते है
जीवन के हर मोड़ पे
ये पथ है खुद में निराला
जहां भेदभाव की कोई सीमा नहीं होती

तूफानों से लड़ते है वहीं अक्सर

तूफानों से लड़ते है वहीं अक्सर
जिनकी कोई भी हद नहीं होती
शतरंज की विसात पे
मोहरों की दौड़ होती है
किस करवट बैठेंगी हर चाल
जो जीत या हार में तब्दील होगी
हर खेल में यही कहानी है
समय पे फैसला और समझदारी
आपको उन्नत और उन्नत से भी बेहतर बनाती है।

स्वर्णिम पल

कुछ कश - म - कश इधर भी है
कुछ कश - म - कश उधर भी है
जब से मिली सी है नजरें उनसे
दिल देने और दिल देने का आलम
इधर भी है और उधर भी है
कुछ रातों में बेचैनिया
और करवटें बदलने का वो आलम
इधर भी है और उधर भी है
बिना मिले, बिना बाते किए इस सफर में
न दिल को ठंडक होती है
न मन को मिलती है शांति
क्योंकि जो कसूर है तो वो
तुम्हारी और हमारी आँखों का है
जो पल भर के लिए भी झपकाना नहीं चाहती है
बस प्यार का अपने इजहार करना चाहती है

भुनाना चाहती है, इस स्वर्णिम पल को
जो यादगार बन जाएं तो
तू मेरी और मै तेरा
जन्मों - जन्मों के लिए
एक - दूसरे के हमसफर बन जाए...

2. दिल के नगमे

बीते लम्हे

बीते लम्हे न बनाना
गुजरा कल न बनाना
मैं तो हूं लम्हा तेरे प्यार का
मुझे अपना एहसास बनाना
मुझे अपना एहसास बनाना
जब मैं चाहूं तुम पास आ जाना
पलके खोलूं..
तुम बस जाना
मेरे दिल की धड़कनों में
अपना सा एक एहसास जगाना
तुम सबकुछ छोड़कर मेरी बन जाना
रखूंगा हमेशा तुमको सीने से लगा के
तुम जान हो मेरी...
बातों में किसी के न आना
प्यार के इस रिश्ते को
दिल की गहराई से समझ जाना
बीते लम्हे न बनाना
गुजरा कल न बनाना...

बीते लम्हे न बनाना
गुजरा कल न बनाना...
हर लम्हा तेरा दीदार हो मेरा
तेरे बिना ये अलाम न बनाना

तेरी यादें

तेरी हर सुबह यादें आती है
रात और दिन को तड़पा जाती है
रात और दिन को तड़पा जाती है
भूला ये जहां...
तू है कहां...?
सांसों को मेरी चैन आए न
सांसों को मेरी चैन आए न
मांगू मैं तुझको...
चाहूं मैं तुझको...
दिलरुबा तू मेरी
दीवाना मैं तेरा
दिलरुबा तू मेरी
दीवाना मैं तेरा
तेरी हर सुबह यादें आती है
रात और दिन को तड़पा जाती है
रात और दिन को तड़पा जाती है
सोचा न कभी बिन तेरे जीना, तू है
मेरे दिल की ख्वाबों की हसीना
तू है मेरे दिल की ख्वाबों की हसीना

प्यार में तेरे गुजरे हैं महीना
क्या दिन और साल ?
मत पूछो मेरे हाल...
क्या दिन और साल ?
मत पूछो मेरे हाल...
तेरी हर सुबह यादें आती है
रात और दिन को तड़पा जाती है
रात और दिन को तड़पा जाती है

हर शाम

हर शाम इक याद बन जाती है
बीते हुए यादों की इक बुनियाद छिड़ जाती है
कभी चढ़ाव कभी उतार सिर पे छाती है
तपती कठोर गर्मी की छत, नमी मैं बदल जाती है
सैलाब बन आंखों में शूल भरी आंधी जब आती है
बिखरा - बिखरा चमन और उजाड़ बन जाती है
कई अनकहे सवालों को खड़ा कर जाती है
बस हर शाम इक याद बन जाती है
अब उन महफिलों में भी रौनक नजर न आती है
संग जिनमें कभी जान बन जाती थी
जलने वालों की भी एक बड़ी लाईन बन जाती थी
लौटते थे जिनके कलेजों पे सांप
लौटते थे जिनके कलेजों पे सांप
आज उनके दिलों को भी ठंडक मिल जाती है
हर शाम उनकी नसीहत मुफ्त में यूँ ही मिल जाती है
हर शाम उनकी नसीहत मुफ्त में यूँ ही मिल जाती है...

सुरूर

कुछ सुरूर हुआ दिल का ऐसा
नजदीकियों से वो पास आने लगे
पहले थे जो हम अजनबी वो अब
दिल की धड़कन बन गुनगुनाने लगे
ज़र्रा - ज़र्रा भी मानो जैसे प्यार के गीत
संग हमारे अब तो है गाने लगे
ये इश्क है रूहानी हमारा
जिसके चर्चे ज़माने में छाने लगे
जो बिखेरती है वो जुल्फें
पर्वत पे घटा छा जाती है
आँखों में उसके काजल
दिल में मेरे उमंग ला देती है
वो हंसती है जब - जब मानो
फूलों की भांति ये धरती खिल जाती है
उसकी महक से मेरी, चांदनी रातें शम्मा हो जाती है
सुनू में उसकी आवाज तो
बंद होती धड़कन भी सरगम पा जाती है
मेरी साँसों में उसका ही सुरूर है
मेरे लबों पे उसका नाम
दिल धड़कता है मेरा और उसका
एकदूसरे के लिए सुबह और शाम...

जन्नत की परी

किताबों के पन्नों पे तेरा नाम लिख दिया
किताबों के पन्नों पे तेरा नाम लिख दिया
जग ने पूछा मुझसे करे कई सवाल

दिल का हाल है बेहाल मैने बया कर दिया
न आती है रातों को नींद, खो गया है मेरा चैन
तेरी मदहोश, नशीली, नीली - नीली आँखों में
तेरी पतली कमर पे मैं मर मिटा हूँ
हाय तेरे हुस्न के सदगे, दीवाना बन गया हूँ
भर ले तू मुझको अपनी बाहों में
भर ले तू मुझको अपनी बाहों में
डूब जाने दे, अपने प्यार के सागर में
भूल जाने दे तू मुझको इस दुनियां को
आज बस कुछ ऐसे गले लगा
कि मैं सिमट जाऊं तेरी पनाहों में
तू है जन्नत की वो परी
तू है जन्नत की वो परी
जिसको पाने का ख़्वाब हर कोई चाहता है
ये खुशनसीबी है मेरी, या रब ने सुनी मेरी दुआ
जो तुझको मेरी दिलरूबा बनाया
प्यार, इश्क और मोहब्बत क्या होते है?
सब तुझमें है समाया
सब तुझमें है समाया...

3. यादों भरे पल

पापा

जो सबसे जुदा है, वो मेरे पापा है
हंसते - खिलखिलाते रूठ जाने पे मुझको मनाते
जरा सा दर्द देख मुझको, पल में जो घबरा जाते
दिन - रात अपना ख्याल भूल मुझको हौसला बढ़ाते
हर गलती पर, प्यार से समझाते
पर अब वो नजर नहीं आते
आँखों में आंसू थम से जाते
मगर वो अब बोलने नहीं आते
सोते हुए चुपके से देख जाते
पर वो अपना एहसास नहीं जताते
कहते है जो खफा होकर चले जाते है
वो लौट के वापस नहीं आते
दूर कहीं आसमाँ में सितारे बन जाते है
तन्हाइयों से भरी ज़िन्दगी में
बस एक याद छोड़ जाते है
बस एक याद छोड़ जाते है...

हसरतें

कुछ ऐसी है हसरतें
कुछ ऐसी है हसरतें
जिनको आज तुम पूरा हो जाने दो
बहक जाने दो इस दिल को तुम फिर से
इसको अपना हो जाने दो
इन हसरतों का क्या है ?
ये हसरतें तो, दिन रात तुम्हारे लिए ही जागती है
सीने में दफन होती है, तो कभी
दिल से बयां होती है
आंखों ही आंखों में इजहार कर देती है
हसरतें ही तो है जो आज हर इंसान की जुबान पर
एक मुकाम लेकर आती है
अगर हसरतें न होती, तो न हम होते, न तुम होते
न ये सम्हा होता, न ये आलम होता, न ये जहां होता
हसरतें ही तो है जो एक जीने का वजूद बनती है
जो हमको कुछ सिखाती हैं
जो हमको अपने आगे नचाती हैं, दौड़ाती हैं
हमारे दिल को काबू करके
हमारे दिल को काबू करके
हमसे बहुत कुछ करवाती है
पर हसरतें ही हैं जिसकी ख्वाहिश
एक बेजान दिल को जिंदा दिल बना देती है
और जो न हो हसरते हैं, तो मुर्दे के जैसे
खाक बन जाते हैं, बस खाक
और जो हो रंगीन हसरते हैं तो

सोया हुआ मुर्दा भी, पब जाकर
डिस्को डांस करने लगता है
हसरतें बस जायज होनी चाहिए
न करो ऐसी हसरतें, जिनका कोई वजूद न हो
जिसमें कोई खुशी न हो...
हसरतें हो ऐसी, जिसमें प्यार भरी हो जिंदगी
जिसमें प्यार भरी हो जिंदगी...

सिर्फ तुम

शाम की भीनी - भीनी याद की
सुनहरी फ़रियाद हो तुम
मदहोश हो चुकी धड़कनों की
चुपकी सी तन्हाई हो तुम
गुनगुनाती अंधेरी रात की
कोई छिपी चांदनी हो तुम
सांसों में बेचैनियों की
तड़पन का एहसास हो तुम, ख़ामोश भरी निगाहों की
मोहब्बत से लिखी किताब हो तुम
बारिश में औंस के बूंद की
इठलाती कशिश हो तुम
खुदा की बनाई खुद की
पाकीज़ा मूरत हो तुम
हाँ...सिर्फ तुम...सिर्फ तुम ।

सबकुछ

ये यादों के पल फिर न आयेंगे
बिता लो कुछ लम्हे मेरे संग
ये मौके फिर न आयेंगे
मानो अपना हमनवा या महबूब
और चाहे जिगरी दोस्त
हर सुख और दुख में हम साथ नजर आयेंगे
चाहे कैसी भी हो वक्त की परिस्थितियां
हम तेरा साथ निभाएंगे
गर, सांसे भी बंद हो गई मेरी
तो हम तेरे साएं बन जाएंगे
कड़कती हो धूप तो तेरे लिए छांव फैलाएंगे
जो हो सर्दी तो खुद को जलाएंगे
बारिश की बूंदों से तुझको नहलाएंगे
पतझड़ के मौसम में फूलों से महकाएंगे
हम तेरे लिए इस दुनियां से लड़ जाएंगे
सच कहते है ये हम अपने दिल से
तेरे लिए हम सबकुछ कर जाएंगे
तेरे लिए हम सबकुछ कर जाएंगे...

सौगात

जब कभी तुमको मेरी याद आए
अपनी नजरों को आसमान में घुमा देना
जो चाँद पूरा नजर आए
तो मेरी खुशी समझ जाना
जो चाँद आधा - अधूरा आए
तो मेरी तुमसे लुका - छुपी समझ जाना
पर जब बादलों से घिरा आए

तो तुम मुझको भूल न जाना
क्योंकि ये हो सकता है अंधेरे का इक बुना ताना
जो शायद धीरे - धीरे मुझको निगल जाएगा
बस तेरी मेरे लिए चाहत की कशिश ही
इक नया सवेरा लेकर आएगी
जो हसीन यादों का सौगात बन जाएगी...

4. कशिश

इंतजार

यूँ आहिस्ता ही सही
तुम मुस्कुरा दिया करो
मेरे दिल को यूं धड़का दिया करो
हम समझते हैं इस नजाकत को
तुम जब भी मिलो हमको आंखों से जता दिया करो
माना कभी तुमको देरी होती है
मुझसे प्यार की इन रातों में मिलने से
पर हम इंतजार भी करते हैं बेताबियों से
थाम कर अपने दिल को जो दे दिया है तुमको
यक़ीनन तुम खुद ही इसकी दर्द की दवा लाओगी
इस रूहानी अपनी कशिश को
प्यार भरी जादू की झप्पी से
वो मीठा मरहम लगाओगी
कि दिल हमेशा तेरे प्यार में धड़कता रहेगा
जब भी हो दुनिया को प्यार का वास्ता
तो बस नाम हो, मेरा और तुम्हारा
तो बस नाम हो, मेरा और तुम्हारा

कभी - कभी

कभी तेरी याद आती है
कभी - कभी तेरी याद आती है
सूने पत्तों की तरह फ़िज़ा में छा जाती है
कभी तेरी याद आती है
कभी - कभी तेरी याद आती है...
गुनगुनी धूप की तरह
सर्दी में हंसाती है
बारिश की बूंदों में तू इठलाती है
खोलूं जो में आँखें इंद्रधनुष बन जाती है
कभी तेरी याद आती है
कभी - कभी तेरी याद आती है...
जब तपसा हो मौसम
तू शाम बन जाती है
ठंडी - ठंडी लहरों सी
फुहार बरसाती है
कभी तेरी याद आती है
कभी - कभी तेरी याद आती है...
हर बहार शर्माती है
मौसम यादगार बन जाती है
पतझड़ के जैसे तू प्यार बरसाती है
कभी तेरी याद आती है
कभी - कभी तेरी याद आती है...
कहते है जिसको, हर मौसम में याद करो

वो हर सुबह और शाम, साथ बन जाती है
कभी तेरी याद आती है
कभी - कभी तेरी याद आती है...
ये है मेरे दिल की कशिश जो तेरे सिवा
न किसी को समझ आती है
क्यों कि दिल की बात
दिल से ही करी जाती है
कभी तेरी याद आती है
कभी - कभी तेरी याद आती है

प्यार की छांव

डूबा रहता हूँ, तेरी आशिक़ी में
सिर से लेकर पांव तक
क्या कहूं जाना रब दी कसम
तेरी आशिक़ी में आखिरी अंजाम तक
तुझसे मिलने की तमन्ना रहती है
सुबह से लेकर शाम तक
पूछ ले घड़ी के कांटों से
जो मुझको न रुकने देते है
तेरे इंतजार तक
डूबा रहता हूँ तेरी आशिक़ी में
इस कदर सिर से लेकर पांव तक
और तुम जब मिलती हो तो
बाते भी नहीं करती हो
अपनी फरमाइशों को पूरा होने तक
बस यही रूठने और मनाने का
बस यही रूठने और मनाने का

सिलसिला चलता है, और चलता रहेगा
तेरी आशिक़ी में
ताउम्र प्यार की छांव तक...

रिश्ता

चुप सी इक मुस्कुराहट
और हम समझ गए
तुमने ही तो कहा है
यूं इशारे से...
नजरों को नजरों से लड़ाते हुए
हमको यूँ प्यार के हक से जताते हुए
मिलोगे तुम हमको दुबारा
वादों को पूरा करने मेरे यारा
जो ये सिलसिला अब शुरू हुआ है
जो ये सिलसिला अब शुरू हुआ है
न अब रुकेगा किसी के रुकाने से
ये तेरा - मेरा रिश्ता है, न अभी का
ये रिश्ता है सदियों के ज़माने से।

आदत

बाहों में भर ले मुझे
कि तेरी मुझे आदत सी है
तू दूर होती है, तो मुझको
ये रातें बेचैन कर जाती है
तेरी जुल्फों के सायों में
तेरी जुल्फों के सायों में...
हर पल इक मदहोशी सी

मुझको मिलती है
तू सुकून है मेरा
तू आरज़ू है मेरी
तुझसे से ही
ये दिल की जुस्तजू है मेरी
न मुझसे तू दूर जा
न यूँ मुझको तड़पा
बस बाहों में भर ले मुझे
कि तेरी मुझे आदत सी है...

5. वो सपने

बचपन

नीम की कड़वी कोपल और वो शहद का स्वाद
नीम की कड़वी कोपल और वो शहद का स्वाद
जो खाने के बाद मन को लगता था बहुत ही खास
बहुत ही मन को चंचलित कर देने वाला
जहाँ नीम जितनी कड़वी होती थी, ठीक विपरीत उसके
शहद उतनी ही मीठी, दोनों का एक साथ सेवन
मानो जैसे जड़ी - बूटी खाने की शुरुआत
हम तो ज्यादातर शहद ही खाते थे, नीम कम
और पकड़े जाने पर थोड़ी और ज्यादा खानी पड़ती थी,नीम
बचपन की दादा - दादी, नाना - नानी की यही तो दवाइयां होती थी
वो कहते है दादा - दादी और नाना - नानी के घरेलू नुस्खे...
ये हमारे पास जो ताकत है, वह बीते कल की देन है
रंग - बिरंगी वो तितलियां, नीला सा आसमान
चारपाई पर दोस्तों का चिपक के सोना
अंधेरे होने पर डर की सनसनाहट का होना
भूतियाई किस्से और कहानियों का झमेला लग जाना
सोते-सोते आसमान में तारों का गिनना
और सबसे बड़े ध्रुव तारे को खुद कहलाना

फिर बहस करते-करते चुपके से सो जाना
पहली नींद चिड़ियों की चहचहाहट से खुल जाना
दौड़कर तैयार होकर एक दूसरे को उठाकर
सैर - सपाटे, खेलने को जाना, मौज मस्ती में डूब जाना
यादों के इस पिटारे को सहेजना, हर कोई चाहता है
किसी अपने को बताना, संग साथी इस पल को भुनाना चाहता है
संग साथी इस पल को भुनाना चाहता है...

चांदनी रातें

चांदनी तन्हा रातों में
अकेला गुनगुना रहा हूँ
दूर बैठी इक निराली
छवि को आँखों से सवार रहा हूँ
भीनी - भीनी इन मदहोश रातों को
आज फिर से भुना रहा हूँ
खत्म न होंगी तुमसे बातें
आँखों से नींद को चुरा रहा हूँ
फिर तुम कब मिलोगे, न जाने
इसलिए आज बतला रहा हूँ
दिल के समंदर में जो सपने है
उनमें बस तुमको ही बसा रहा हूँ
हर घड़ी तेरे चेहरे को अपनी नजरों में
क्या बताऊं ?...न ओझल कर पा रहा हूँ
इन सितारों में तेरी चमक को
चमकता देख पा रहा हूँ

फिज़ा में तेरे बदन की महक को
मैं अपनी साँसों में महसूस कर पा रहा हूँ
चांदनी तन्हा रातों में
अकेला गुनगुना रहा हूँ

पथ

सपने देखना भी जरूरी होते है
क्योंकि बिन सपनो के कहते है
कोई दुनियां नहीं होती
माता - पिता, भाई - बहन
पति - पत्नी और बच्चे
हर रिश्तों में उम्मीदों का पुल होते है, ये सपने
जिनको पूरा करना और उनके पीछे भागना
दिन हो या रात हरदम कड़ी से कड़ी मेहनत करना
जब तक हो इक कतरा भी ख़ून का इस शरीर में
तब तक एक सच्चे वीर की भांति अपने उस सपने के लिए
खुद को पूरा का पूरा झोंक कर, लड़ते रहना चाहिए
और जीवन के संघर्ष में नए - नए आयाम स्थापित करते
यूँ ही प्रगति के पथ पे बढ़ते जाना चाहिए।

महफिलें

अक्सर रातों को हम कहीं नींद में
मशगूल होकर खो जाते है
सजती है कई रंगीन महफ़िले
सजती है कई रंगीन महफ़िले
और जब मौका आता है शिरकत का
तो हम नींद से जाग जाते है

क्या बताए अब हम?
इन परेशानियों के सिलसिलेवार आलम को
हकीक़त में तो महफिलें हमको मिलती नहीं
और सपनो में भी मायूसिया हाथ लगती है
यही है मेरे गमगीन होने का असर
कोई तो बताते ये कैसी है बसद।

जज्बा

ऊंचे सपने देख कर ही मुकाम मिलते है
जब जिद्द हो उनको हकीक़त में बदलने की
तो खुद तुम्हारी मदद भगवान करते है
सारी की सारी ये दुनियां और जहान
तुम्हारी जज्बे की गूंज से कांप उठती है
चारों दिशाओं में जब तुम्हारी सांख
ये दुनियां सुनती है
शेर की भांति दहाड़ कर
युद्धों के चढ़ पहाड़ पर
झुकती है ये दुनियां उसके आगे, इशारों के वार पर।

6. यारियां

इक यार

ज़िन्दगी के हर मोड़ पे जो साथ निभाए
ग़म की धूप हो या छांव...जो अपनेपन का एहसास जताए
हर घड़ी मानो आपका साया बन जाए
जब हो सुख और दुख...
वो हर पल में बस जाए
चाहें वो हो कोई अपना या पराया
जो आपको समझे, महसूस करे
न उम्र का कोई फर्क करे
बेगानों की महफ़िल में भी
आपको वो रोशन करे
चाहे कितने भी दौर बदल जायें
वो हर दौर में आपका एक सच्चा हमदर्द बने
जो आपकी गलतियों पे डांटे
और जब बात हो खुशहाली की
तो वो उस पल को यूँ भुनाए
जैसे वो उसका ही पल हो
वो कहते है ना दोस्तो...
जिंदा रहने के लिए एक दिलदार यार होना भी

बहुत जरूरी होता है, बहुत जरूरी होता है

दोस्ती

रिमझिम - रिमझिम फुआरों भरा मौसम आया है
सुनेहली यादों को भुनाने का समय लाया है
याद आते वो बचपन के खेल - खिलौने है
जिन्हें हमने साथ मिलकर आँखों में सपने संजोले है
सबका अपना - अपना खेल होता था
जिसमें न कोई मतभेद होता था
छोटी सी उम्र में बड़े - बड़े रिश्ते निभाते थे
किसी को दादा - दादी का शौक, तो कोई
मम्मी - पापा बन जाते थे
पल भर में रूठ भी जाते थे
और पल भर में हँस भी जाते थे
होता न कभी कोई ग़म, खूब खिल - खिलाते थे
क्या लड़की - क्या लड़का ?
सब एक - दूसरे को चिढ़ाते थे
बचपन की दोस्ती को मिलकर
परवान चढ़ाते थे, संग हाथों को थाम कर
बेफ्रिक मुस्कुराते थे
बेफिक्र मुस्कुराते थे...

सोशल मीडिया

आज कल की सोशल मीडिया में
हर चीज बड़ी आसान हो गई है

हाँ फायदे भी बहुत है और नुकसान भी
बात करे, यारियों की तो
जो पहले दोस्ती का दौर था
वो बहुत ही शानदार और रंगीन था
घंटों गपशप करना, हर पल और दिन को
मिलकर जश्न मनाना, वो साथ घूमने जाना
पतंगबाजी, क्रिकेट या हो फुटबॉल
हर तरह के खेलों में जमकर खेलना
न कोई उम्र की सीमा, न किसी को कोई घमंड
पर आज के सोशल मीडिया के दौर में
ज्यादातर बातें और शुभकामनाएं मोबाइल पे
फेसबुक, व्हाट्स ऐप इत्यादि पे ही दे दी जाती है
न अब किसी के पास, एकदूसरे से पास के पास
रहते हुए भी मिलने का समय नहीं होता है...
पर हाँ बहुत से फायदे भी है
जो आपको तत्काल जरूरत पड़ने पे काम आते है
बस नज़रिया हमारा है कि हमको सब कैसे
इक धागे में संजो के रखना है
इक धागे में संजो के रखना है।

कर्म और फ़र्ज़

मित्रता ये शब्द ही अदभुत है
हर युग में मित्रता के कई स्वरूप रहे है
श्री राम और राजा सुग्रीव की मित्रता
कृष्ण और सुदामा की मित्रता
त्याग और बलिदान की जिसमें पवित्रता
हर संभव, और हर घड़ी दिल से

अच्छाई और सच्चाई की एकदूसरे के लिए तीव्रता
लहू के आखिरी कतरे और सांसों के अन्तिम दौर तक
मित्रता को निभाना ही, मित्रता का कर्म है, फ़र्ज़ है।

अनमोल

दिल दिया है तुमको
यूँ अपना यार मान के
मासूमियत से भरा है
ये दिल मेरा, तेरी चाहत में
न ठुकरा देना तू इसको
पराया मान के
तुझसे ये मेरे दिल की यारी है
जो मुझको लगती बड़ी बेशकीमती
क्या सोना - चांदी - हीरे या
कोई भी हो जायदाद
तू है मेरे लिए अनमोल
मेरी दिलरुबा चाँद जैसी
मेरी दिलरुबा चाँद जैसी।

7. कहानियां

किस्से

कुछ किस्से बड़े अजीब होते है
शायद जुबा से बया नहीं किए जा सकते है
बस हालातों से ही समझे जा सकते है
न जाने कोई, ये कब और कैसे किस्से बन जाते है
मानो जैसे बरसों से जमीन में दबे खजाने के जैसे
कुछ बड़े कीमती तो कुछ आपको झकझोंर कर देने वाले
कभी सहम जाएं आपकी रूह, तो कभी मानो
हंसते - हंसते बीत जाए आपके दिन
ये फलसफे है जो साथ चलते है हमारे
और बनते जाते है कहानियों के किस्से
कभी वक्त की धारा में डूबे
कभी यादों की परछाइयों में झिलमिलाते
कुछ बोधक हैं, तो कुछ बस एक सिरे से टूटते
जैसे सूरज की पहली किरण में खिलते ख्वाब
कभी अंधेरों में हंसते, तो कभी चमकते हैं उजाले
हर किस्सा एक नया दरवाजा खोलता है
नई राहों पर ले जाता है
कुछ फिसलन, कुछ सहमति, कुछ कड़वाहट

फिर भी हम चलते हैं, बतियाते हैं
अतीत की धूल से रगड़ते हैं
बनाते हैं अनकहे किस्सों का नया सफर

शौर्य गाथा

अतीत के वो पल है जो इतिहास के पन्नों पे
हर अच्छे और बुरे विविध गाथाओं और कहानियों के साक्ष्य है
वो बड़े ही स्मरणीय और अभिभूत कर देने वाले पल है
रोम - रोम जाग उठता है, उन गाथाओं के मंथन से
ये भारत भूमि है, चिंघाड़ते, दहाड़ते, रूह को कंपाने वाले
उन शौर्य वीरों की, त्याग और बलिदान की...
धर कटे, सिर कटे क्षति - क्षति पूरा बदन हुए
बहते रहे लहू के धारे, पर कदमों के सहारे
लड़ते रहे ये योद्धा हमारे, कुल की आन, देश की शान
इंसानियत की खातिर, होते रहे युग - युग ये कुर्बान
थे, ये ऐसे लड़ाका मान - मर्यादा थी इनकी भाषा
कर देते अपना सबकुछ न्योछावर
जैसे माँ की ममता और पिता की भांति आदर
न झुके, न रुके कभी इनके कदम
मातृभूमि की रक्षा के लिए
सदैव रहे तत्पर और तुरंत
आज इन सभी भारतवंशी शौर्य वीरों को हम
मिलकर कोटि - कोटि नमन करते है
उनके दिखाए और उनके बताए
देशहित के मार्गदर्शन को

दिल से हम अनुसरण करते है
दिल से हम अनुसरण करते है।

वो पल

हर सुबह जब हमने
इक नई उम्मीद को देखा
तो जाना वो मेरी तलाश है
किताबों में लिखा - पढ़ा - सुना
पर अब वो मेरी
जीती - जागती कहानी है
जिसके हर पन्ने में कुछ खासियत है
कुछ खट्टी - मीठी यादों के पल है
तो कुछ भयभीत कर देने वाले
या अचंभित कर देने वाले
और कुछ तो बहुत ही रोमांचकारी पल
बस ये पल ही है जो कहानियों में समा जाते है
और अपनी अमिट छाप छोड़ जाते है।

आहटें

आहटें है ये कैसी
सनसनाती रातों में
गूंजती ये चीखें है कैसी
लगती है भूत - प्रेत की कोई दस्तक
जो बरसों से दबी थी अंधेरे तहखानों में
हुआ है, कुछ उनके जागने का आलम
रातों में है क्योंकि शैतानी बिजली की चमक
घनघोर हवा की साएं - साएं आवाज

रोती सी, बिलखती सी सिसकियां
जैसे मानो कहना चाहती है बहुत कुछ
और बहुत कुछ।

निर्णय

कई कहानियों के पहलुओं से हमने समझा
दूर - दूर तक न कोई नामोनिशान है
बस जो गुजर गया, एक वो मंजर
सबके मन और दिलों में
बस अपनी इक छाप छोड़ जाता है
शायद आने वाले ज़माने के लिए
ये गुजारा ज़माना इक तजुर्बा देकर जाता है
ये किस्से और कहानियां ही है
जो हमारे दिल और दिमाग में
ज़हन कर जाती है
जो हमको प्रेरणा देती है
अच्छे आदर्शों का चरित्र बनने में
कहानियों में अच्छा और बुरा दोनों
चरित्रों का वर्णन होता है
बस ये हमारा निर्णय होता है
हम किसको चुनते है और
किस चरित्र में ढलते है।

8. हसीन फलसफे

मकड़जाल

बात निकली है तो आज ऐसे वो फलसफे बताते है
जो कभी आपको झकझोर दे, मजबूर कर दे
हर किसी को खुद की ज़िन्दगी के
उन बीते लम्हों से रुबरु होने के लिए
वैसे तो शब्दों के मकड़जाल को
हर कोई नहीं समझ सकता है
ये वो मंजर होता हैं, जहां हर कोई
अपनी ज़िन्दगी का एक "रॉकस्टार" होता है
कहा कब और कैसे अपने अभिनय को
उसको दर्शकों के सामने दर्शाना है
वो बखूबी जानता है, समझता है
फिर भी हमने कहा न, फलसफे यूँ ही
फलसफे नहीं बन जाते है
हम अपनी नादानियों से ही
गलतियों को अंजाम देते है
आज अगर आपको कोई आकर थाम ले
तो बहुत बड़ी बात होती है क्योंकि
हर किसी का तकदीर साथ नहीं देती है

हर कोई मौके का बस फायदा उठाना जानता है
आपकी पीठ में खंजर भौंकना, धोखा देना
क्या अपने और क्या पराए ? इस दौलत और घमंड ने
हर रिश्तों को दूर और बहुत दूर कराए
बस आपके सच्चे दिल की नियत ही आपका साथ देती है
साएं बदल भी जाए, पर आपकी जिंदादिली आपको जिताती है
बुलंद हौसले बन कर हर मुकाम को पाती है
परिस्थिति कैसी भी हो, पर सच्चे दिल की सुनवाई
ग़म की आंच से तपन के बाद उस रब के घर भी पूरी होती है
उस रब के घर भी पूरी होती है...

साज

देखो कैसे? खामोशियों में भी
कभी-कभी साज़ गूंजता हैं
यादों के इस सागर में डूब
एक सच की तरंग लहराता हैं
क्या बात है उस पल की
जब सब कुछ थम सा जाता हैं
आँखों में छिपे जज़्बातों से
भविष्य का नज़ारा सुनाई देता हैं
सपने अधूरे एहसास के संग
हर एक ठोकर हमें संजीवनी देती हैं
कभी हंसते हैं हम खुद पर
कभी आँसू से आँखें भर लेते हैं
फिर भी इस सफर में है एक अद्भुत

खुशबू उन खोई राहों की
जहां पर हर ग़लती एक सीख हैं
हर आँधियों की चोटी पर एक कहानी हैं

मातृभूमि

कभी लगती ये धरती
मुझे माँ से भी प्यारी
कभी लगती ये धरती
मुझे इक जीवन की क्यारी
जिसमें मेरा सारा जीवन है समाया
फ़ूल, पत्ती की भांति
जिसमें समय बिताया
खेल, खेले खिलौने से कई हमने
रंग बिखेरे हजारों के इसके चमन में
कहा न कभी हमसे कुछ माँ की भांति
दिया वो स्नेह, जैसे अपनों की छाती
चोटों को हमारे अपनी गोद में संभाला
आंसुओं के दर्द को पल भर में दूर कर डाला
छोड़ा न कभी, साथ अधूरा
पढ़ाया ज्ञान सभी, पाठ पूरा
कहती है दुनियां जिसे "मातृभूमि"
वो है हमारी "भारतभूमि"
वो है हमारी "भारतभूमि"।

प्यार भरा गीत

फलसफे ऐसे है कुछ
कि हम कैसे बया करें?

पानी की बूंदे टिप - टिप करती रही
पर हमको किसी ने बताया नहीं
जब कुछ हमको मिट्टी की
वो सौंदी खुश्बू आई
जब कुछ हमको मिट्टी की
वो सौंदी खुश्बू आई
तब एक नई उमंग की राग
इस हसीन फलसफे में
प्यार भरे गीत की तरह समाई
इक प्यार भरे गीत की तरह समाई।

मंजिले

मिलों के सफर तय करते - करते
जब किसी ने हमसे पूछा
क्या पाया था?
और क्या पाने जा रहे हो?
हमारा जवाब बस यही था
मिलों का सफर तो अभी जारी है
न जाने वो कौन सी मंजिले है?
जिसकी चाह अभी बाकी है...
इक कशिश के साथ दिल में
ख्वाबों की महफिलें सजी सी ही
ये जिद्द है मेरी, या मेरा कोई जूनून
बस मंजिल पाने पे ही
मिलेगा मुझको अब सुकून
बस मंजिल पाने पे ही
मिलेगा मुझको अब सुकून..

9. बातों - बातों में

शायरी का आलम

शायरी लिखी किसी ने
और पढ़ी किसी ने
समझ आई शायद, न किसी ने
दर्द और रुह के हर पल को
दर्द और रुह के हर पल को...
जो समिट के एक धागे में बांध दे
हर लम्हे को जो गुजर चुका है
या फिर आने वाले कल को
शायरी में बयां कर दे...
वही खुद में अनोखी कला है
क्या पारदर्शी और सूक्ष्मदर्शी ?
जो दूरदर्शी भी समा दे
शायरी को जीता जागता
अपना सा एक लम्हा बना दे...
बस कुछ पन्ने और पेन की लिखावट
लम्हों के साथ जज्बातों में मिल गई
और इक शायर की शायरी बन गई...
इन पन्नों पर बिखरे हैं अरमान

ख्वाबों के रंग, हकीकत के निशान
हर अल्फ़ाज़ में छुपा गहराई का साहस
हर शायरी में बसी है एक दुनिया की फासिल
यह नज़्म एक सागर, लहरों की मानिंद
हर लहर से मिलती, नए अर्थ की बिंद
क्या ऐसा कोई है जो समझ सके इसे
शायद कोई शायर, जो खुद को ढूंढ सके इसे...!!

रहस्यमई किताब

आज भी तुम हटके दिखते हो
पुराने हो पर, नए से अच्छे लगते हो
आज भी तुम हटके दिखते हो...
कुछ आदतें भी तुमने बदल ली है
अब खुद का भी ख़्याल रखते हो
आज भी तुम हटके दिखते हो...
हसीन से भी ज्यादा हसीन लगते हो
जमीन पर कोई आफताब लगते हो
आज भी तुम हटके दिखते हो...
पुरानी तस्वीरों से
तुम बिल्कुल जुदा लगते हो
बिखरी जुल्फों में तो
ताज़ा गुलाब लगते हो
आज भी तुम हटके दिखते हो...
जाना मैने कई लोगों को
पर तुम रहस्यमई किताब लगते हो

आज भी तुम हटके दिखते हो
आज भी तुम हटके दिखते हो...

एक पत्ता

टूटी डाली से एक पत्ता हूं मैं
जमी पर आकर ऐसा बिखरा हूं मैं
हवा के हर झुके में उड़ जाता हूं मैं
क्योंकि टूटी ताली से एक पत्ता हूं मैं
तपती किरणों में सूख जाता हूं मैं
मिट्टी के ढेरों की तरह धूल हो जाता हूं मैं
मेरा अस्तित्व खुद भूल जाता हूं मैं
क्योंकि टूटी डाली से एक पत्ता हूं मैं
याद नहीं आता एक बिता हुआ लम्हा हूं मैं
तुमसे जुदा कोई तुम्हारा सदमा हूं मैं
खत्म हो चुकी लहरों का नजारा हूं मैं
क्योंकि टूटी डाली से एक पत्ता हूं मैं...

खटोला

आंगन में डाला था, बचपन में पाला था
वो खटोला ही तो है
झुरमुट रस्सियों वाला था
मजबूत पकड़ ताला था
वो खटोला ही तो है
धूप में पड़ा काला था
मगर बड़ा निराला था
वो खटोला ही तो है
खेल - खिलौने संग लिपटाए माला था

प्यार भरा इक प्याला था
वो खटोला ही तो है
बचपन जिस पर निकाला था
यादों का मतवाला था
वो खटोला ही तो है
माँ के एहसास को संभला था
पिता के भांति रक्षक ज्वाला था
वो खटोला ही तो है
जी... हाँ...वो खटोला ही तो है।

दरवाजा

राख का है दरवाजा
उसे जल जाने दो
धूप के आंगन में सूखा
वक्त के साएं में बह जाने दो
राख का है दरवाजा
उसे जल जाने दो...
सौगातों का था पैमाना
उन बातों को जाने दो
खुद में समेटा था घरौंदा
जो अब नम आँखों से निकल जाने दो
राख का है दरवाजा
उसे जल जाने दो
अक्खड़ सा पर था तिकोना
उसकी चमक को जंग खाने दो
चौखट पर ओढ़ा दो बिछौना
अब उसे दफनाने दो

क्योंकि राख का है दरवाजा
अब उसे जल जाने दो।

10. हकीक़त या सपने

नज़रिया

नहीं है वास्ता मेरा अब किसी हकीक़त से
मैं खो गया हो, हूँ शायद सपनो में
उन वीरानों में, या फिर किसी नदी, सागर में
कुछ याद नहीं आता है, ये कौन सा तुफां हैं
सबकुछ बदल गया है या फिर ये समय की दिशा
जो हर पल खुद से यूँ बदलती हैं
जैसे घड़ी की टिक - टिक, हर कांटा अलग है
कभी एक साथ होते है तो लगता है
वाकई में ये ज़िन्दगी की बारह बजा देंगे
हंसते है हम भी, क्योंकि यही तो समय का खेल है
जिसको ये समझ आ गया मानो वो जीत गया
और जो न समझा तो वो उलझ गया
वो कहते हैं न, हार और जीत खेल के पहलू है
तो हर पहलू को जानने का नजरिया होना चाहिए
माना दुनियां के अब नजरिए भी बदल चुके है
जो हम पहले सोचा करते थे, वो पुराने हो गए है

मीलों का सफर

ग़म था मेरा और था अंधेरा
मीलों के सफर हम तन्हा ही रहे
न था कोई मेरा हमसफर
और जो थे वो दगा दे गए...
खाली इन हाथों में
किस्मत की अधूरी रेखाएँ रह गई
जो दिल गाता था, झूमता था
पर आज आंसूओं के समंदर में
डूबा नजर आता है
घाव और जख्म से भरे इस दिल को
हर किसी को सताने में मजा आता है
क्योंकि दिल का दर्द आसानी से
न हर किसी को नजर आता है
दिल कहना भी चाहे अपनो को
पर कोई अपना भी समझ नहीं पाता है
सिसकता है अंदर ही अंदर
कई बार टूटता है, बिखरता है
न फिर कभी जुड़ पता है
बस वेबजाह की बातों पे
खुद में ही चिड़ - चिड़
और बुझती लौ की तरह
तेज प्रज्वलित होकर
धुएं की धुंध में तब्दील हो जाता है...

पहचान

सोच जो बदल चुकी है
कुछ तो बात है
इस नए अफसाने में
बहके से कदम थे
कभी हमारे भी
अनजाने में
बस यूँ ही लड़खड़ाते - लड़खड़ाते
हम चलना सीख गए
हर कोई अपनी ज़िन्दगी में
कभी न कभी इक बार ही सही
गिरता है, और खुद से या किसी सहारे से
संभालता है, और नए वक्त के दौर के साथ चलता है
सही मायने में, यही उसकी पहचान बनती है
और लोगों की जुबान थमती है

वादा

मैं ज्यादातर हकीक़त में ही चलता हूँ
और जीता हूँ
सपनो को सोचने से ही डरता हूँ
क्योंकि दिल पर बहुत चोट पहुंचती है
जब सपने देखो लाखों और करोड़ों
और इक भी न पूरा हो
तो इन सपनों के कोई जिन्दा ताल्लुक़ात नहीं होते
अफ़सोस करके भी
ये मातम के लायक भी नहीं होते
क्योंकि हकीक़त और सपने
एकदूसरे के वादों के साक्ष्य नहीं होते

एकदूसरे के वादों के साक्ष्य नहीं होते...

आगोश

जी करता है मेरा
जी करता है मेरा
तेरे सपनो में आकर
तेरे लबों को अपने लबों से मिलकर
तेरी आगोश में सिमट जाऊं
भर ले तू मुझको अपनी बाहों में
भर ले तू मुझको अपनी बाहों में
यूँ आज इस कदर
कि ये जिस्म की प्यास
तुझसे जन्मों - जन्मों की आस
हमारी सांसों में इक न हो जाए
और धड़कनों में प्यार के गीत गुनगुनाएं।

11. ये बेचैनिया

जिक्र

धड़कने खो सी गई है
कुछ जाने अनजाने में
ये कैसा है सुरूर, कैसा ये आलम
हम बिन पिए ही मदहोश हो गए है
लिखते - लिखते जिक्र करते है
वो हर पहर की बातों को
जहां हम कहीं तो खोए थे
या फिर डूब गए थे उस पहर में
वो हर किसी के पास अपनी यादों का
बीते पलों का एक झरोखा होता है
जो वक्त दर वक्त साथ चलता है
कभी महफिलों में, तो कभी दोस्तों संग गुफ्तगू में
जाहिर होता है, कभी प्यार के किस्से
तो कभी दिल की वो दबी भड़ास बताता है
जनाब, ये बेचैनिया ही हैं, जो क्या - क्या नहीं कराती है?
किसी को यूँ बैठे बैठे शायर बना देती हैं
लफ्ज़ों की लहरें, जैसे मस्तियों में बहती हैं
अजनबी चेहरे भी यार बन जाते हैं

कभी खुशियों से सजे, कभी ग़मों के अहसास में
हम हंसते हैं, रोते हैं, फिर से ख़ुद को पाते है
वो अनकही बातें जो सुरों में लिपटी है
सच्चाई की ख़ुशबू में लिपटी है
हर मोड़ पर मिलते, हर राह पर चलते
खुद को ढूंढने की ख़ातिर, हम निकल पड़ते है

शायद ऐसा भी हो

शायद ऐसा भी हो
मुझसे जुदा मेरा लम्हा
शायद मेरा भी हो
शायद ऐसा भी हो...
याद नहीं आता
वो बीता हुआ कल
जो शाम की तरह
अचानक से ढल गया
हाँ, बिता लेता कुछ और
वो सुकून के पल
जो रह गए कहीं
वीरानेपन में, किसी दुनियां में
शायद ऐसा भी हो...
लिखते - लिखते किसी को
सताए या चुभ जाए
वो हसीन यादगार पल
अनजाने से दिल को

यूँ छूकर जगा दे
फिर से उन लम्हों को
शायद ऐसा भी हो
शायद ऐसा भी हो...!!

आंस का दामन

आंस का दामन
यूँ न छूटने दो
तुम खुद को मुझसे
यूँ न रूठने दो
कह दो दिल से
यूँ न पल बीतने दो
प्यास का सावन
यूँ न सूखने दो
काश का स्वप्न
यूँ न टूटने दो
बंद आँखों से
यूँ न कुछ छिपने दो
दर्द भरे लव्जों से
यूँ न ग़म पिसने दोरास का गायन
यूँ न रुकने दो
आंस का दामनयूँ न छूटने दो।

अफसाना

मुश्किल है मेरा तेरे बिना जीना
क्या कहें ऐ जालिम
न होश है न खबर है

जब से तुमको देखा है
मेरे रातों का चैन खो गया है
तेरी अदाओं में डूब सा गया है
दिन हो या रात, मैं बस यही सोचता हूँ
तुझसे कब होगी मेरी अगली मुलाकात
कब जमेगी अपने प्यार की बात
इन बेचैनियों ने मुझको तेरा दीवाना बना दिया है
क्या कहूं, तेरे इश्क में इक अफसाना बुना दिया है

एहसास

ये बेचैनिया ही तो है जो
अपनो को अपनो से मिलती है
ये बेचैनिया ही तो है जो
किसी पराए को भी पास लाती है
ये बेचैनिया ही तो है जो
प्यार के रिश्ते को हमसफ़र बनाती है
ये बेचैनिया ही तो है जो
न उम्मीदी में भी, उम्मीदिया जगाती है
ये बेचैनिया ही तो है जो
अनहोनियों का एहसास कराती है
ये बेचैनिया ही तो है जो
टूटते दिल को वापिस से जोड़ जाती है
ये बेचैनिया ही तो है जो
बेचैन दिल का, हाल बता पाती है...

12. वक्त की पुकार

हर पल शायर

दिल इक नगमा और हर पल शायर है
जिंदगी का एक सच ही जीने के कायल है
बन के इक महक कहीं वादियों में खो जाते है
माया - मोह के जाल से परे हो जाते हैं
माना आत्मा अमर है, अजर है
केवल मृत्यु ही इसका सच है
तो आओ इस सच को ही अपनाते है
श्रृंगार रुपी इस दुनिया को छोड़ के
परम परमात्मा में लीन हो जाते है
क्योंकि दिल इक नगमा हर पल शायर है
खत्म नहीं होगी यह ज़िन्दगी की वो रातें है
जो हमने चुपके मन में, गुनगुनाते गुनगुनाते काटे है
जज्बात जो दिल से निकल आते है
वही शब्द बनकर सामने आ जाते है
शब्दों के इस तौल - मौल में
हम अपनी ज़िन्दगी बिताते है
पर हर लम्हा खुल कर जीना भूल जाते
माना दुनिया रंगों से भरी एक मधुशाला है

जहां हर कोई पी के अपने में मतवाला है
इस भेड़ चाल ढंग का हर कोई दीवाना है
भोग - विलास का यह खेल अद्भुत और खुद में निराला है
क्योंकि दिल इक नगमा और हर पल शायर है
हां मैंने भी कई रंगों को ओढ़ा और चखा है
ना कोई शिकवा ना कोई गिला है
जिंदगी से यही संगीत तो मुझे मिला है
अब इस संगीत की दुनिया में मेरा दबदबा है
रुखसत हो रही रूह को अब फुर्सत का समय मिला है
यह क्षण मेरे नहीं क्यों कि यह मुझसे खफा है
तुमसे होकर रूबरू करना इनको फिर जुदा है
दिल का जो बोझ था वह अब बया है
यकीन मानो या न मानो, गौरतलब है दोस्तो...
दिल इक नगमा और हर पल शायर है
जिंदगी का एक सच ही जीने के कायल है

दो पहलू

सोचता हूँ में हर सुने बंजर पल में, कि आखिर
ज़िन्दगी में मैंने क्या खोया और क्या पाया?
क्या पाने की तलाश में निकला? और क्या हाथ लगा?
क्या बस यूँ ही कटती रहेगी मेरी ये ज़िन्दगी?
कुछ पाने के लिए, क्या मुझे हर पल कुछ खोना पड़ेगा?
रेल की पटरी के दो किनारे जैसे होगी ज़िन्दगी
ऐसा तो मैने ख्यालों में भी न सोचा था
छोटा था बचपन में, इन पहलुओं को समझ न पाया

कट जाता मौज - मस्ती में सफर अपनों का था जो साया
जब ज़िन्दगी ने अपने हर रंगों को दिखाया
तो लगा जैसे हम तो भूल - भुलक्कड़ में
जी रहे थे, जिसका हमें कोई हिसाब न था
हमनें तो कभी बहीखाते न बनाए, पर क्या पता था?
बहीखातों से भरी होगी मेरी ये ज़िन्दगी
हर हिसाब का अलग खाता होगा
हर खाते का मालिक अलग होगा
कम - बढ़ होने पे शुल्क - दण्ड भी होगा
पर किस रूप में होगा? ऐसा हमने सोचा न था
कहते है गिर के संभलना इंसान को मजबूती से बढ़ाता है
उसको सिखाता है कि उसको क्या करना है?
पर हर समय आपके वक्त का मुकर्रर नहीं होता है
सोचते है कुछ, और कुछ और हो जाता है
बंद मुट्ठी में रेत को पकड़ना और ठीक भांति
पानी को पकड़ना दोनों असामान्य है
पर क्या उपयोगिता है? ये सामान्य हेय
बस कोई मुझको इतना बतलादे...
क्या हम बोए और क्या हम काटे?
यही दो पहलू है मेरी और सबकी ज़िन्दगी के
रेल की दो पटरी के जैसे...

फरिश्ते

देशभक्ति के लहू में जो
प्राण लहू अपने डाल गए
उन फरिश्तों को
भगवान भी आज

भगवान मान गए
कर न्योछावर हथेली पे जो
जान अपनी कुर्बान गए
सीना तान, बड़े बलवान
भारत माता के सपूतों को
सब जान गए
देशभक्ति के लहू में जो
प्राण लहू अपने डाल गए..
देकर एक संदेशा अपना
ये हमको जीता गए
भारत माता के लाल है ये
शौर्य अपना दुनियां को दिखा गए
देशभक्ति के लहू में जो
प्राण लहू अपने डाल गए
उन फरिश्तों को
भगवान भी आज भगवान मान गए।

संसार

कहते है ये संसार
बही मुख रुपी है
इसके एक नहीं
अनेक रूप होते है
कोई हमें बहुत सुखमयी लगता है
तो कोई हमें अंतर्मयी राक्षस दिखता है
इस दिखावे में हर पल
बस इक छल होता है
जो न जाने किस चोर रुपी मन में

कही भीतर छुपा होता है
मुस्कान से भरी हँसी
इसका पैगाम होती है
हर जहर से भरे प्याले में
गजब का एहसास होती है।

देशभक्ति

देश की स्वतन्त्रता
देश की अखंडता
देखी न होगी ऐसी जनता
बच्चा - बच्चा, बूढ़ा - बूढ़ा
देश के लिए कुर्बान है
नारी शक्ति संघनित्र होकर
लड़ने को आज तैयार है
भारत देश है ये ऐसा
भारत देश है ये ऐसा
जिसमें युगों - युगों का बलिदान है
युगों - युगों का बलिदान है।

13. कुछ अजीब

मुलाकातें

कुछ अजीब सी है यह मुलाकातें
न जाने कैसे काटी है हमने कई रातें
कभी सिसकियां हैं, कभी बेचैनियाँ हैं
कभी करवट बदलते हैं, तो कभी
रातों को जागते हैं
कभी निहारते हैं, इस तकदीर को
और सोचते हैं, हर आने वाले उस पल को
जिसको मैं कभी भुनाना चाहता हूँ
जिसको मैं एक यादगार लम्हे में
बिताना चाहता हूँ
यकीन होगा न तुमको कभी
इन बेचैनियों पर, क्योंकि
मुलाकातों का सिलसिला यूं ही शुरू नहीं होता हैं
इनका भी एक मुकद्दर और एक वक्त मुकर्रर होता है
नसीब कहें या किस्मत कहें
हाँ, शायद सबका यही तो फैसला होता है
कभी बिछड़ना भी एक अनकही बात होती है,
आँसुओं में छिपी एक नई शुरुआत होती है।

तन्हा

जब कोई अपना दिल से दूर हो जाता है
तन्हा दिल और तन्हा हो जाता है
खो जाता हर लम्हा जैसे
बादलों में छिप कर चाँद रह जाता है
तपन की भांति मन धीरे-धीरे
संघन इक दीवार बन जाता है
धागों से बनकर मुझे बताओ...
क्या कुछ नहीं बुन पाता है?
हर सीढ़ी के खांचों को जोड़कर
ऊंचाईयों को हासिल करा जाता है
गहरी नींव से बने रिश्तों को
क्या कोई यादों से जुदा कर पता है?
तो फिर क्यों कोई अपना दिल से दूर हो जाता है?
क्यों इस कदर तन्हा दिल को और तन्हा कर जाता है?
तड़पता हुआ, राहों में छोड़ बिन देखें चला जाता है
मुस्कुराहटों को हमेशा के लिए ग़म में तब्दील कर जाता हैफिर वो यादें
भी धुंधली हो जाती हैं,
जिन्हें हम दिल में हमेशा सजाए रखते हैं।

बेसब्री

वो आज क्या? जो मेरा नहीं
वो सच क्या? जो मेरा नहीं
वो लम्हा क्या? जो मेरा नहीं
वो प्यार क्या? जो मेरा नहीं

वो वक्त क्या? जो मेरा नहीं
वो अपना क्या? जो मेरा नहीं
वो बोल क्या? जो मेरा नहीं
वो दिल क्या? जो मेरा नहीं
वो हक क्या? जो मेरा नहीं
वो दर्द क्या? जो मेरा नहीं
वो फ़र्ज़ क्या? जो मेरा नहीं
वो कल क्या? जो मेरा नहीं
वो कफ़न क्या? जो मेरा नहीं
वो आंसू क्या? जो मेरा नहीं...
बात बस इतनी सी है...
इन खामोश लबों पे बेसब्री सी है...!!
गूंजती हैं निगाहों में जब तेरे ख्वाब,
हर लम्हा पूछता है, क्यों हो मैं ख़ामोश?

काश तू

काश ज़िन्दगी सवाल न बन जाती
खुली किताब यूँ न बंद हो जाती
कुछ शब्दों में थोड़ा बतलाती
काश ज़िन्दगी सवाल न बन जाती
दो हाथों की पहेली सिमट जाती
इस गुत्थी को सुलझाती
काश ज़िन्दगी सवाल न बन जाती
अंधा कुआं है, इक रास्ता
कोई उम्मीद नजर न आती
काश ज़िन्दगी सवाल न बन जाती
दूर है मुझसे तू

पास नजर क्यों नहीं आती
काश ज़िन्दगी सवाल न बन जाती
हल्की-हल्की लकीरों से
उकेरा है तुझे, ऐ ज़िन्दगी
काश तू सवाल न बन जाती...!!
पर फिर भी इसका कोई जादू न मिटा,
हर सवाल में तेरी आवश्यकता तो गहराता है।

दौड़

क्यों आखिर अंधी दौड़ में
लोग दौड़ जाते हैं
क्या वो खुद हैं?
कैसे भूल जाते हैं?
बस इक भूख की आग में
अपने होश गवाते हैं
वक्त की आंस को
यूँ ही छोड़ जाते हैं
क्या वो खुद को?
खुद से जीत पाते हैं
इस नन्हे सवाल का जवाब
नहीं ढूंढ पाते हैं
हड़बड़ाहट में बस गलतियों को
अंजाम दे जाते हैं
क्योंकि अंधी दौड़ में
जो दौड़ जाते हैं।
पर कभी थमकर देख, ये भी तो जरूरी है,
केवल दौड़ना ही नहीं, कभी खुद को समझना भी है।

14. मौसम का सम्हा

इंद्रधनुष

ये मौसम जो, अपनेपन का एहसास जताता हैं
रंगीन वादियों का, वो सुनहरा सफर बन जाता हैं
हमको खो जाने को मजबूर कर देता है
खट्टी - मीठी वो यादें खुद - ब - खुद बुनती जाती हैं
अगर हमको सर्दी, गर्मी या बारिश जो पसंद हो
वो दिल को धीरे धीरे भा जाती हैं
कुछ लोग इस मौसम को जीते नहीं हैं
या फिर खुल के जीना भूल जाते हैं
क्या हम सर्दी की गुनगुनी धूप को भुनाते हैं ?
क्या हम बारिश की धुन को सुन पाते है ?
क्या हम गर्मी की सुबह और शाम का
वो अनूठे पल को, मिट्टी की सौंदी खुश्बू को
अपने ज़हन में बसा पाते है
वो कोयल की कुहू, वो पतझड़ का सावन
रंगबिरंगी तितलियों का आपको छू कर जाना
हवाओं का झूमतापन, तो बिजली का कड़कपन भर देते ये सब
आपकी ज़िन्दगी को
इंद्रधनुष के समान

तेरे लिए

कभी मौसम भी बदल जाएगा
कभी हम भी बदल जाएंगे
कभी मौसम भी बदल जाएगा
कभी हम भी बदल जाएंगे
ढूंढोगे अंधेरी रात में चिराग लेकर
पर हम बहुत दूर चले जाएंगे
पल भर के लिए ही सही तुमको
मुस्कुराहट देने चले आएंगे
प्यार के दो मीठे बोल गुनगुनाएंगे
वादा तो करते नहीं हम किसी से
हाँ बस तेरे लिए ही बादल बन बरस जाएंगे
हाँ बस तेरे लिए ही बदल बन बरस जाएंगे...
सौंदी - सौंदी वो मिट्टी की खुशबू भुनाएंगे
तो आकाश में इंद्रधनुष बन छा जाएंगे
धूप को भी हम छांव में छिपाएंगे
हर तपन को फूलों से सजाएंगे
कभी जो नाराज हो जाओ
कभी जो नाराज हो जाओ...
छोटी - छोटी ओस की बूंदों से नहलाएंगे
हम तेरे लिए सबकुछ कर जाएंगे
इस जहां से भी अकेले लड़ जाएंगे
इस जहां से भी अकेले लड़ जाएंगे...

प्रकृति

प्रकृति के रंगों में जो मजा है
वो आखिर कहा किसी और चीज में है
निराली सी ये धरतीं
समेटे खुद से कई रंगों को
खींचे जो सबको अपनी ओर
चाहे हो पूरब - पश्चिम
उत्तर - दक्षिण चारों छोर
इसके हरियाले है
दूर - दूर तक फिज़ाओं में
प्रकृति के ही खुशनुमा वादे है
प्रकृति के ही खुशनुमा वादे है।

चाँद

चाँद निकला तो सही था
पर न जाने कहा भटक गया?
बीच राह में जैसे कोई मुसाफ़िर
कब? और क्यों? न जाने कैसे?
खुद से भटक गया
ये चाँद की थी कोई
खुद से की हुईं शरारत
या फिर वो किसी काली रात की
साजिश में अटक गया
चाँद निकला तो सही था
पर न जाने कहा भटक गया?
टिम - टिम तारों के संग

मस्ती के पलों में कही रुक गया
या बादलों के बदरी में वो सिसक गया
चाँद निकला तो सही था
पर न जाने कहा भटक गया?

फिजा

चमक है ये फ़िज़ा में
या मुझको कुछ चमक सी है
धुंधली - धुंधली बस कुछ यादों का
मानो इक झरोखा सा लगता है
शायद कुछ अपनापन लगता है
शायद कुछ अपनापन लगता है
वादियों में जो इक जीता - जागता
कोई खूबसूरत सपना लगता है
फ़िज़ा का कोई इतराता सा तरंग लगता है
यक़ीनन मुझको और हर किसी को
ये सम्हा सुहाना लगता है, सुहाना लगता है।

15. गुजारिशें

शिद्दत

दिल की हैं ख्वाहिश या मेरी है गुजारिशें
घनघोर हो चुकी कुछ तस्वीरें हैं या फिर
दिल की मन से कही अपनी आप बीती
जो संयम का एक परिचय है
या फिर दिल की अनसुनी गाथा
इतिहास पढ़ें हैं हमने बहुत
और जाना, समझा हैं बहुत कुछ
माना कि इस दुनियां में कई ख्वाहिशें
बिना गुजारिशों के अधूरी रह जाती हैं
ज़हन में भी वो कई बार चुभ सी जाती हैं
ये मेरा नजरिया है या फिर एक आम राय
पर यक़ीनन इस बात से कोई भी अनछुआ नहीं हैं
सबके दिलों की धड़कन और उसके परस्पर
उमंग का इठलाता वो तरंग भरा जोश
जगजाहिर कर देता है, बिन कहे ही बतलाता हैं
उन ख्वाइशों को, जिनकी दिल से करी गई हो गुज़ारिश
कायनात भी पलट जाती है, जो शिद्दत से भरी हो
हर ख्वाहिश और उसकी गुज़ारिश...

रब भी सुनता है...हर उस बंदे और बंदी की
जिसके दिल और मन दोनों में रब बसता हैं
जो हमेशा अडिग रहता हैं, संघर्ष करता हैं
विफल होकर भी पीछे नहीं हटता हैं
बस लड़ता है, और आगे बढ़ता है और बढ़ता हैं
चाहे राह में कितने कांटे क्यों न हों बिखरे
हर ठोकर को अब एक सबक बनाना हैं
हर लम्हा, हर सांस तो एक नई उम्मीद का पन्ना हैं
खुद से, किससे, यह जंग है अनमोल, जो चलती रहेगी
इन ख्वाहिशों की माला में नए रंग भरती रहेगी
दिल का हर कोना एक नई कहानी कहेगा
जब हौसले के दीप जलेंगे, खुद पर यकीन करेंगे
खुद पर यकीन करेंगे...

काश तुम

काश तुम मेरी यादों में आ जाते
काश तुम मेरी बातों में बस जाते हैं
ढूंढ़ती ना यूं नजरे किसी और को
काश अगर तुम मिल जाते
भीगी - भीगी रातों में तुम कुछ कह जाते हैं
काश तुम यूं ना मुझसे दूर जाते
अपनी नजर से मुझको देख जाते
काश तुम मुझसे प्यार निभाते
गलतफहमी की आड़ में ना रूठ जाते
काश तुम वक्त में वापस आ जाते हैं

मिट चुकी तस्वीरों को
काश तुम फिर से बना पाते
काश तुम मेरी यादों में आ जाते हैं
तकदीर के हर फ़ैसलों को हम बदल पाते
जुदा होती राहों को एक संग ला पाते
इस मोहब्बत को काश हम कुछ नाम दे पाते
इस मोहब्बत को काश हम कुछ नाम दे पाते...

दिल की गुज़ारिश

करूं में अगर गुज़ारिश तुमसे
करूं में अगर गुज़ारिश तुमसे
तो देखो मना मत करना
क्योंकि ज़िन्दगी के बस
कुछ ही क्षण है...
तुम अपनी इस मुस्कुराहट को
तुम अपनी इस मुस्कुराहट को
कैद करके हमेशा के लिए
मुझको दे दो...
मैं रहूं या न रहूं
मैं रहूं या न रहूं
पर तेरी इस मुस्कुराहट के साथ
मैं जहाँ रहूं
बस हमेशा तेरी यादों में, जीता रहूं
बस हमेशा तेरी यादों में, जीता रहूं...!!

दरिया पे साहिल

दरिया पे साहिल को चढ़ जाने दो

तुफां पर उठती लहरों को थम जाने दो
ये जलजला है इक मौत की कयामत का
कट चुकी पतंगों को जरा सम्भल जाने दो
दरिया पे साहिल को चढ़ जाने दो...
गजब का है, ये भयानक सिलसिला
गजब का है, ये भयानक सिलसिला
फिर इसको भड़क जाने दो
मौका आज जो मिला है
उसको न गंवाने दो
दरिया पे साहिल को चढ़ जाने दो
दरिया पे साहिल को चढ़ जाने दो...

घरौंदा

मिट्टी के सांचों से इक प्यार भरा
हम - तुम घरौंदा बनाएंगे
जिसमें दिलकश सुरों के
सरगम सजाएंगे...
कौन कहता है? कि दौलत से ही सबकुछ होता है
दो सच्चे दिलों का जब प्रेम अटूट होता है
दो सच्चे दिलों का जब प्रेम अटूट होता है
तो ये दिलों से बना घरौंदा इक वजूद होता है
बसती है हर खुशियां
बसती है हर खुशियां
क्योंकि खुशियों का स्वरूप
ये रूहानी इश्क होता है
हर परिस्थिति में जो
जन्मों - जन्मों का दो दिलों का बंधन होता है

जन्मों - जन्मों का दो दिलों का बंधन होता है।

16. सच या झूठ

मुकाम

न जाने ये जिंदगी कितने रंग दिखाती है
पल मैं कुछ तो पल में बदलती जाती है
अनजान हो तो ठीक है
पर जानकर यह समझ पाना मुश्किल है
की खेल में जिंदगी है या जिंदगी में खेल
कभी तो मीठी यादों का झरोखा बन जाती है
तो कभी कड़वे प्यालों का सच
पर न हम इसे चख कर भूल सकते हैं
न हीं हम इसे सूंघकर महसूस कर सकते है
बस ये तो बंद बोतल में ग्लूकोज है या जहर
चढ़ने पर ही असर दिखाती है
आँख खुल गई गर तो जीत का सफर
जो बंद रह गई मगर वो मौत का कहर
बस यूं ही साइकिल के दो पेडल हैं
जो एक बाईं ओर है दूसरा दाईं ओर है
जितनी लागत उतना बल लगाते हैं
अपनी बढ़ने की गति को खुद आजमाते है
पर जो चेन टूट गई तो ना कुछ कर पाते है

बस यूं ही खड़े के खड़े रह जाते है...
ज़िन्दगी के इस सफर में कई मुकाम
किसी ने कहा है अधूरे रह जाते है
बस अधूरे रह जाते है.....

रहस्य

अंतरिक्ष सा अंधेरा है न कोई सवेरा है
दिखती है कुछ चमक तारों की
और उगते सूरज, चांद की
हर कोई सोचता है, पर जानता नहीं
यह ब्रह्माण्ड है, जहां सौर ऊर्जा की उत्पत्ति होती है
न ही एक बल्कि अनेक तत्वों का भण्डार है
अभी तो कई रहस्य दबे हुए है
जिनको जानना हर किसी की बात नहीं
बीत जाएगी कई शताब्दियां पर
न जान पाएगा कोई भी पूर्ण रहस्य
क्योंकि ये ब्रह्माण्ड शक्तियों का खदान है
जिसमें निहित है, सम्पूर्ण प्रकृति की जान।

खोखली दीवार

खोखली सी इक दीवार को
पर्दों के कुछ सायों ने ढक दिया था
की भी इस बिन बताए ही अपनों ने अपनों को
न जाने कब? और कैसे? छोड़ दिया था
बेबुनियाद सी लगती है ये सब बातें

उन सभी को, जिन्होंने रिश्तों में
अपना फायदा और नुकसान ढूंढ़ लिया था
धीरे - धीरे मुँह मोड़ लिया था
सब्र तो जब खत्म हो गया
इंसानियत में भी हर इन्सान बेशर्म हो गया था।

डगर

क्या सच है? और क्या झूठ?
ये तो बातों के होने पे पता चलता है
आपकी सोच और समझ ही बतलाती है
कि कौन से डगर के आप साथी है?
क्या आपने चयन किया?
और किन सवालों का जवाब देना है?
फ़ैसलों की घड़ी पे, हर नब्ज़ पकड़ी जाती है
ये बातें बस इशारों से ही समझी जाती है।

आईना

आज हमने आइने से पूछा
कुछ इस तरह, कि आईना भी
खुद से टूट गया, कुछ उस तरह
कि शर्माते - शर्माते उसने कहा
क्यों डाल देते हो मुश्किलों में
तुम मुझको यूँ कभी जरा - जरा
अब सब सोचते है आखिर
मैंने पूछा क्या ऐसा आइने से
कि वो भी घबरा के शर्मा गया
कि वो भी घबरा के शर्मा गया...

17. खामोशी

खालीपन

कुछ यूँ ही बातों बातों पे
कुछ यूँ ही बातों बातों पे
बातें छिड़ जाती है
फिर तन्हाई सी छा जाती है
न जाने यह वक्त का असर है
या पल दो पल का सहर
ना कुछ याद है
ना कुछ अपवाद है
बस एक मंजर सा है
बस एक मंजर सा है...
जो खामोश सा है
अनकहा सा है
शब्दों और लम्हों में लिपटा है
अनसुना सा है
क्यों कि हर जो चीज
अधूरी होती है
वह सिर्फ खालीपन को दिखाती है
हाँ, सिर्फ खालीपन को दिखाती है

मंजर

खामोशी के साए में
जब रातें गहरी हो जाती हैं
चाँद कई सवाल छोड़ जाता है
जो सुबह तक नहीं मिल पाती है
खुद से ही बातें करके
आंसुओं को छुपा लेते है
पर जब दिल की भाषा समझ में आती है
तो खामोशियाँ भी गा लेते है
आसमान में बिखरे तारे
जैसे अधूरे ख्वाबों का निशान
हर एक पल में छिपा है दर्द
हर एक लम्हा है पहचान
यह खालीपन, कोई अजनबी नहीं
यह एक साथी सा है, बेवजह
कभी मुस्कुराता है, कभी रोता है
बस एक मंजर सा है
जिसका कोई सार नहीं है...

संघर्ष

खुशियों की परछाइयाँ, अब सजती नहीं
आँखों में बसीं, गहरी तन्हाई है
न जाने कब से ये लम्हे खामोश है
संवेदनाओं के सागर में, अब लहरें नहीं

बातों की मिठास अब फीकी लगती है
हंसते चेहरों में, खुशी की कमी सी है
टूटे हुए सपनों की चादर ओढ़े हैं
बस सन्नाटा है, जो बातें कहती है
हर सुबह की किरण में, दर्द छिपा है
जीवन का ये सफर, अब बंजर सा है
फिर भी हिम्मत से, एक नया सफर शुरू करें
मशक्कत से भरे ज़िन्दगी के साए में, नई कहानी बुने
जो खुद अपने से इक गाथा गाती हो
आपके हर पल के संघर्ष को बतलाती हो...

बाजीगर

खामोश रह कर, इस ज़माने में
कोई भी काम पूरे होते नहीं
इतिहास गवाह है इस बात का
खोखले जज्बातों से और बातों से
कभी कोई चुनौतियों हासिल होती नहीं
कुछ खोकर ही, कुछ पाना पड़ता है
तारीफों के पुल का तो जमाना भी दीवाना है
पर मंजिल की चोटी पे फतेह कर के
जो इस संघर्षरता को आगे बढ़ाता है
वही असली बाजीगर कहलाता है।

बेपनाह प्यार

इन खामोशियों में चुपके से
उनसे इश्क का दीदार हुआ
कहते है लोग मुझे

कहते है लोग मुझे...
जुम्मा - जुम्मा तुझे प्यार हुआ
ये थी तेरी नजदीकिया
मेरे दरमियां
मैं भी आशिक तेरा यार हुआ
ख़ामोशियत में तुझसे
बेपनाह प्यार हुआ
बेपनाह प्यार हुआ...

18. दिल की ख्वाहिशे

हकीक़त

ख्वाहिश है ऐसी कि तुम बिन पानी जैसी
तुम हो तो बस दिल को सुकून है
रातों को चैन और होठों पे प्यारी सी हँसी
याद नहीं आता मुझको ये होंठ मेरे
कब से हंसना भूल गए है
शायद तुम बिन ये मुस्कुराहट को
अपने ज़हन से ही भूल गए है
कहना तो बहुत चाहते है ये अपनी बातें
पर न जाने क्यों और किस खातिर चुप हो जाते है ?
परिंदों की तरह इस मन का भी
ऊंचे नीले आसमाँ में उड़ने का मन करता है
ख्वाबों और ख्यालों से हट कर
इक हकीक़त में जीने का मन करता है
सुहाने पल और खुशनुमा जिन्दगी जीने का
बेसब्री से ये दिल इंतजार करता है
तुम्हारे आने की राहों में ये दिल बिछा है
हर घड़ी, हर लम्हा तुम्हारी यादों से भरा है
चाँद की चमक में बिखरे तेरे सपने सुनहरे

सपनों की दुनिया में, बस तेरा ही चेहरा प्यारा है
संग तेरे बिताए पल, जैसे बहार का अहसास
हर दर पे तुझे महसूस करूँ, यही है मेरा विश्वास
चलो कहीं दूर, तन्हाई की गोद में
बस हम हों, तुम और ये खूबसूरत फिजा की साये में

मेरी परिकल्पना

तुम हो कौन? ये मैं जानता नहीं
तुम हो कौन? ये मैं पहचानता नहीं
बस हो तुम इक परिकल्पना
जिसे कोई मानता नहीं...
तुम ये मत समझना कि मैं तुम्हें समझता नहीं
क्योंकि की तुम मेरी आंखों में हो
हर किसी के सपनों में नहीं
तुमसे प्यार करना कोई गलती नहीं
तुमसे ऐतबार करना ढिढोंरा पीटना नहीं
आखिर हो तुम मेरी सोच
जिसको दिल से जुदा कभी करना नहीं...

आजमाना

हसरतों को हमने आजमाया नहीं
गुम होती ज़िन्दगी को
कभी सीने से लगाया नहीं
यूँ अगर मिल जाती ज़िन्दगी
यूँ अगर मिल जाती ज़िन्दगी

तो हम खफा क्यों होते
जहर ये घूट का बया न करते
होती हमको भी खुशी
तुमसे खुद कहा करते
हसरतों को न छिपाया करते
बस मिल जाती मुझे ज़िन्दगी
कोई शिकायत न करते
मुस्कुराते - मुस्कुराते खुद जिया करते।

आशिक

हसरतें पूरी कर दो
तुम आकर इस दिल को
खुद से भर दो...
अधूरी सी है ये ज़िन्दगी
तुम्हारे बिना...
अब थाम के मेरे हाथों को
तुम मेरी ये चाहत
आज पूरी कर दो
आज पूरी कर दो
ये राह देखता है
हर पल दिल तुम्हारा
इस आशिक को अपने
दुआ में शामिल कर लो
हसरतें पूरी कर दो
हसरतें पूरी कर दो...

शैतानियां

शैतानियां कर लेने दो
शैतानियां कर लेने दो
मेरी तन्हाइयों को
अपनी बातों से भरने दो
ये जो आई हो
पल भर के लिए
जो आई हो
पल भर के लिए
इस पल मुझे
जी लेने दो
है ये यकीन मुझको
है ये यकीन मुझको
तुम सिर्फ मेरे हो
ये जिस्म जो
चमक रहा है, तुम्हारा
ये जिस्म जो
चमक रहा है, तुम्हारा
आसमान के तारों को
उन्हें छू लेने दो
तुमको बाहों में भर कर
तुमको बाहों में भर कर
जी भर के सो लेने दो
अब इस नींद को
कभी न खुलने दो
शैतानियां कर लेने दो
शैतानियां कर लेने दो।

19. अधूरे सपने

अधूरापन

बिन पानी के खेतों में सिंचाई नहीं होती है
पूछो उस किसान से, जब उसके धान की उगाई नहीं होती है
टिटरी भी टी, टी कर के चिल्लाती रहती है
टिटरी भी टी, टी कर के चिल्लाती रहती है
बारिश की इक बूंद की खातिर
उड़ते - उड़ते प्यास में मर जाती है
अम्बर सा आसमां
न धरती की पुकार सुन पाता है
अम्बर सा आसमां
न धरती की पुकार सुन पाता है
दूरियां जो अधूरेपन की है
वो कहा कोई कभी बतलाता है
खुद में ही समेटे, कई सवाल और जवाब
बारिश की फुहारों से ही समझ आता है
धैर्यता और समझ का है ये सारा खेल
प्रकृति का जो एक विश्वसनीय नियम बतलाता है
क्या इंसान और क्या जानवर?
अधूरापन सबको अपने अंदर निगल जाता है

ग़म के साए

ग़म के साए में जी रहा हूँ ,मैं
खामोश सी है ये ज़िन्दगी या हर लम्हा मुझसे
अब जुदा हो चुका है, न जाने
किन तस्वीरों में, मैं अब भी डूबा हुआ सा हूँ
फर्क समझ नहीं आता मुझको
या कह सकते हो समझना ही नहीं चाहता हूँ, मैं
ये ग़म के साएं ही मेरी किस्मत के मंजर बन चुके है
क्या होती है खुशियां? और उनका आलम...
हम तो बस मोहब्बत के नशे में भूल चुके है
बस जख्म ही ज़ख्म खाते है, अपने सीने पे
चाहे हो कोई अपना या फिर पराया
हर रिश्ता हमको दगा दे गया
मोहब्बत का दामन भी हम से छुड़ा लिया
बरक़रार है तब भी हमारे लबों पे हँसी
क्योंकि हमने ग़मों को सीने में दफना दिया
यक़ीनन हर कोई सोचता है मेरे नज़रिए को
पर हमने चट्टान जैसा और सागर के तूफानों सा
अपना बेमिसाल नज़रिया जता दिया..
ग़म की आंच में आंसुओं को उबाल के
ग़म की आंच में आंसुओं को उबाल के...
कड़वे काढ़े के रूप में हंसते - हंसते पे लिया
क्योंकि यही है इक खोखली ज़िन्दगी का सच
जो तिल - तिल लम्हा मर के हमने जी लिया...
ये अधूरे सपने, अधूरी कहानी इतिहास के पन्नों में

फिर से नेस्तनाबूद हो जाएगी, न बचेगा कोई वजूद
बस मेरी लिखी ये शायरी ही हर किसी के ज़हन में
पल भर के लिए ही सही, दिल को छूकर
इक वो चिंगारी बन जाएगी, जिसकी झलक
उसको खुद की मोहब्बत में आएगी
क्योंकि ये इश्क राह नहीं है आसान
क्योंकि ये इश्क राह नहीं है आसान...
यहां बहुत कुछ करना पड़ता है कुर्बान
क्या मन, दौलत और मान? दिल हो जाता है बेजान...
न कोई हलचल, न कोई धड़कन... बस एकदम बेसुध
किसी लम्हे में हमेशा के लिए अटका हुआ सा
दुनियां से बेखबर, दूर अपनी उस मोहब्बत के
दीदार के सदगे इंतजार करता हुआ सा
बस इंतजार करता हुआ सा...!!

ताश की बाज़ी

मत पूछो तुम हमसे ये अधूरे सपने
जो कभी पूरे नहीं हुए अपने
ये ग़म की चांदनी या बातों का काफिला
गौर मत कीजिए जनाब
ये अनकहे रिश्तों का फासला
सब तितर - बितर हो जाता है
ताश के पत्तों की तरह
आशिक़ी की बाज़ी
या कहें ताश के बाज़ी
खुलती है कभी किसी की किस्मत
इस जुए में जीत या हार की तरह।

दिलबरा

सपने में आती है
कभी - कभी मेरे सपनी
सपने में आती है
कभी - कभी मेरे सपनी
आँखों से नींदें चुराकर
प्यार जता जाती है
जैसे कोई हो दिलबरा अपनी
हम जागते है रात भर
हम जागते है रात भर...
इन उम्मीदियों के साथ
कि फिर होगी यूँ मुलाकात
जैसे खास होने वाली हो ये रात
पर ये नींद से टूटते है ख़्वाब
और जान जाते है हकीक़त का स्वाद
अधूरे से सपने और अधूरी सी मुलाकात
अधूरे से सपने और अधूरी सी मुलाकात।

जिंदादिली

कुछ तो है, जो इस दुनियां में
सबको अपनी ओर खींचता है
क्या वो ये सपने होते है?
या फिर सबका अपना कोई तरीका
क्योंकि कई सपने अधूरे भी होते है
तो इसका मतलब ये तो नहीं
लोगों की ज़िन्दगी भी अधूरी हो जाती है

दुनिया में हर कोई अधिक से अधिक माध्यमों के साथ
हर दिन आगे बढ़ता है, विकल्प हर चीज का होता है
बस खुद को संभालते हुए, सफलता को हासिल करना
इक सच्चे दिल की, जिंदादिली की कला है।

20. दिल का दर्द

तेरे दरमियां

दर्द भी न होते, जख्म भी न होते
तेरे दामन के पहलू से
जो हम रुखसत न होते
मिट जाती सारी तेरी यादें
जो उनमें प्यार भरे दो शब्द न होते
ढूंढती रहती मेरी नजरें
वो अगर तुम न होते
वास्ता न रखता इस ज़िन्दगी से
तो तुमसे जुदा न होते
मरहम भी लगाते, सबको बताते
जो तुमसे दूर न होते
निकल जाती यूँ ही मेरी भी सांसे
निकल जाती यूँ ही मेरी भी सांसे
वो अगर दुआ तुम न होते
दर्द भी न होते, जख्म भी न होते
बस तेरे दामन के पहलू से
जो हम कभी रुखसत न होते
फूलों की संगत, ख्वाबों का मंज़र

इन लम्हों में सजे, जो हम न होते
हर ग़म की कहानी, हर सुख का सबब
तेरे बिना अकेले, हर राह भी अधूरी होती
दिल के हर कोने में, तेरा ही बसेरा
तेरे बिन ये सांसें, जैसे अधूरी होती
दर्द भी न होते, जख्म भी न होते
तेरे दामन के पहलू से
जो हम कभी रुखसत न होते

सिसकियां

हमने आंसुओं को भी नहीं जताया
हमने दर्द को भी नहीं भुनाया
चुपके से अपने दिल में उसको दफनाया
होने न दी भनक कभी किसी को
जाम के प्यालों में जो इतना मिलाया
उतर गया नशा प्यालों का कड़वापन समझ न आया
हर धुएं में हमने हर धुंध को अपनाया
सुलगती हुई ज़िन्दगी को फिर से चेताया
क्योंकि आंसुओं को हमने जो न जताया
अपने दर्द को कभी नहीं भुनाया
अकेले तन्हाइयों में इन सिसकियों को दबाया
चुप और खामोश सी ज़िन्दगी को अपनाया
दर्द को भी दोनों बाहों से खुलकर दिल में समाया
मोहब्बत की राहों में काटें बहुत होते है
और चुभते भी बहुत है, रिस - रिस के खून की बूंदों से

पड़ जाता है ये शरीर नीला
न होता है खुद का ध्यान और न किसी का ध्यान
मुर्दे के जैसे मानो, इक चलती - फिरती जिंदा लाश
बस ज़िंदा लाश..!!

पिटारा

दर्द क्या है?
एक जाम का प्याला
होठों से जिसने
अपने गले लगाया
साथ तन्हा ज़िन्दगी
और चंद खुशियों को पाया
दर्द क्या है?
एक रात का उजाला
आँखों से जिसने
अपने दिल को सजाया
ताउम्र बहकर
अपना फर्ज निभाया
दर्द क्या है?
एक सांस का निवाला
कंधों पर जिसने
अपने बोझ उठाया
तड़पती बेरहम जिंदगी को
किस्मत ने रुलाया
दर्द क्या है?
इक चुभती यादों का पिटारा
इक चुभती यादों का पिटारा...

बेदर्द

ये दर्द नहीं आसान यूँ हँस के झेलना
जब दर्द से भरी हो आपकी ज़िन्दगी
तो चेहरे पे खुद ब खुद हंसी उड़ जाती है
चांदनी अंधेरी रातों में, न कोई चमक रह जाती है
बस पलकों पे आंसू और कुछ कमी सी रह जाती है
ढूंढते है हम, उन अंधेरी रातों में चिराग लेकर
उन गुजरी हुई यादों की, कसक के निशा ताजा करने के लिए
पर हमेशा ही ये खाली हाथ होते है, मेरी तक़दीर के लिए
ये दर्द है, बड़ा बेदर्द है, जो बस मेरा हमदर्द है
जो बस मेरा हमदर्द है...

बेकरारी

आज मिला जो उनसे दिल रूबरू हो गया
देखते ही उनको, इस कदर खो गया
जोर - जोर से धक - धक ये करने लगा
चिल्लाने लगा तो मेरी है बस मेरी
निगाहों से निगाहें मिली ऐसी
कि दिल में इक मीठा सा दर्द उठने लगा
न हुआ था कभी किसी को पहले यूं देखकर
जब से तुमको देखा है
जब से तुमको देखा है
आँखों में गजब का सुरूर है, तेरे लिए
ये दिल बेकरार है, तेरी आशिक़ी में
सारी हदें तोड़कर जीने - मरने के लिए...

21. मन और दिल का सार

असमंजस

कहते है जिसने मन और दिल पे काबू पा लिया
जीत हर पल उसी की होती है
क्योंकि इक शांत मन से सोचा हुआ
दिल का हर काम सुनियोजित तरीके से पूरा होता है
जैसे कि सब जानते है दिल और दिमाग हमेशा
एक-दूसरे के विरोधाभास करते है
एक असमंजस सी हमेशा से बनी रहती है
क्या सही है? और क्या गलत है?
ये तो बस परिणाम से ही पता चलता है
क्योंकि "मन की व्यत्ति और दिल की जुबान"
जीवन के हर दिन के संघर्ष और अनुभव से ही
सहज बन के उभरता है
कभी गुस्से से तिलमिलाया हुआ, तो कभी
प्यार के आँचल से लिपटा हुआ
भिन्न - भिन्न रूपों में इस दुनियां और समाज में
कहीं न कहीं झलकता है सबकी बातों में
या दर्शाता है, हमारे जज्बातों में
ये बेमिसाल तालमेल ही नई ताकत के जैसे

उभरता है, ये कोई प्रोटीन पाउडर नहीं
जो तुरंत घोल के पी लिया
धीरे - धीरे समय के साथ ही ये आपकी सफलता का
पथ निर्देशक बनता है, आसमानों में
अन्नत ऊंचाईयों तक आपका नाम रौशन करता है।

वक्त का दरिया

है साहिल ये वक्त का दरिया
दूर तलक नजर आएगा
गमों से भरी
धूप की आंच में
सिर्फ इक परिंदा रह जाएगा
डाली पे बसे फूलों के भांति
ये वक्त भी बदल जाएगा
गुजरे मौसम में अपनी
इक महक भरी
याद छोड़ जाएगा
छांव के इस इंतजार को
कोई फिर से याद दिलाएगा
होगा वो कोई अंजाना या बेगाना
जो इस रीत को दोहराएगा।

युग पुरूष

बात इतनी सी है, जिसको हर कोई समझना नहीं चाहता है
या समझने से इनकार करने के आदत सी है
हर परिवर्तन के नए युग की शुरुआत करता है

वो कहते है न, हर नए मोड़ के बाद पता चलता है
रास्ता कितना खूबसूरत है
बिना पथ पे चले, क्या खाक पता चलता है
ये जो इक नएपन को धारण करने की जिज्ञासा होती है
वही तो सही मायने में, हमारे अगले पड़ाव की नींव रखती है
गिर के मैदान में, जो फिर से हो खड़े
धरती, अम्बर और अग्नि के तपन से जो बने
मन से कम और दिल से ज्यादा धनी बने
वही कहलाते है युग पुरूष, जिनके कदमों के निशा
युगों - युगों तक रहे, युगों - युगों तक रहे।

मंजिलों का कारवां

मंजिलों का कारवां अभी बाकी है
देखना है इस सुहाने सफर में
जीत मन और दिल में से किसकी होगी?
ये तो पिक्चर अभी आधी है...
चाहे बात करो फ्रैंडशिप या लव की
हर जगह बत्ती दिमाग की जल्दी नहीं चलती
शायद इस लिए कहते संयम ही
हर समस्या का एक मात्र सबसे बड़ा
उत्तर होता है, जो बड़ा ही
उन्मुखता और सहजता को दर्शाता है
करते तो तरकीबिया लोग बहुत है
पर समझ से परे बातों को
खुद से समझते नहीं है।

प्रेम भाव

तेरी झील सी आँखो में
डूब जाने का मन करता है
तेरे पास आने को मन करता है
हम सोचते है तुमको हर शाम को
कोयल की कुहू की आवाज में
वो बारिश के पानी की फुहार में
तो कभी सर्दी की ठंडी - ठंडी गिरती बर्फ में
तुम कृष्णमय भक्ति लीन हो
और मैं राधामय भक्ति लीन हूँ
बिन राधा, राधा पुकारे न कभी कृष्ण रहे
और बिन तुझको याद करे मेरा ये दिल रहे
कहता है ये मेरा मन दिल को बहुत बार
न मिली कृष्ण को राधा, सुन ले तू यार
रहा जन्मों का अधूरा वादा
कृष्ण का संग रुक्मणि ने साजा
पर दिल ने कहा, हम हो या न हो
प्यार की ये गाथा हमेशा अमर रहती है
जरूरी नहीं अधूरी कहानियां
कैसी थी? कैसी है? और कैसी होंगी?
जरूरी ये है उसमें प्रेम भाव हमेशा
राधे-कृष्ण जैसा हो
राम - सीता सा हो
क्योंकि किस्मत की लकीरें भी बदल जाती है
जब सारी की सारी कायनात
आपकी मोहब्बत की खातिर, दुआ बन के
जब नए रंगों की बहार लाती है।

www.ingramcontent.com/pod-product-compliance
Lightning Source LLC
Chambersburg PA
CBHW050531240926
51846CB00003B/771
* 9 7 8 9 3 7 5 4 3 1 0 9 1 *